AF250727

PLUS

DE

BANQUEROUTE!!!

PARIS. — IMPRIMERIE ET FONDERIE DE G. DOYEN,

RUE SAINT-JACQUES, N. 58.

PLUS

DE

BANQUEROUTE!!!

LA RENTE

NE PEUT ÊTRE REMBOURSÉE;

PAR

M. ALFRED DE RHÉVILLE,

EMPLOYÉ DÉMISSIONNAIRE DE LA CHAMBRE DES DÉPUTÉS.

Patience et longueur de temps
Font plus que force, ni que rage.
LA FONTAINE.

Prix : 1 franc.

LIBRAIRIE CENTRALE,

PALAIS-ROYAL, GALERIE NEUVE D'ORLÉANS, N. 1, 49, 190 ET 191.

JUIN 1829.

PLUS

DE BANQUEROUTE !

> Patience et longueur de temps
> Font plus que force, ni que rage.

———

Jusqu'ici les Gouvernements seuls ont eu le monstrueux privilége de faire impunément banqueroute ; certains de leur impunité, ils ont frappé sans pudeur les citoyens dans leur fortune privée. C'est en vain que les rentiers ont crié miséricorde, on les a fait mourir de faim,

« Sur le terrain mouvant du tiers consolidé. »

On parle encore aujourd'hui du remboursement de la rente. L'époque des spoliations embrassera-t-elle et le ministère déplorable et le ministère fusionnaire ? non : plus de banqueroute.

Des hommes, des députés, dis-je, et des députés portés par acclamation sur les degrés de la tribune nationale, ont rajeuni les propositions de M. de Villèle, dans quelques-uns de leurs chefs. Ce n'est certes qu'une aberration d'esprit ; ce ne peut être assurément de leur part une action de malhonnête homme. Le cercle est étroit sans doute, il faut cependant choisir dans ses limites.

On promet, à coup sûr, la proposition de loi pour 1830; la session actuelle disparaîtra sans qu'elle apparaisse. Heureux donc les rentiers qui n'ont encore qu'un an à vivre, leur mort du moins sera naturelle. Mais la marche de la session prochaine paraît devoir s'ouvrir par la discussion de cette loi spoliatrice. Elle sera un des pivots du budjet de 1831. Il n'en sera pas ainsi. La justice et la morale ne le veulent point; qui oserait le vouloir en France?

On a longuement argumenté sur l'article 1911 du Code civil, et on a cherché à prouver que l'État ne pouvait être condamné à toujours *devoir*, quand les particuliers avaient le droit de se *libérer*. Quelle analogie pourrait-on trouver entre la constitution du tiers et du cinq consolidés, et la constitution d'une rente ressortant d'un contrat entre particuliers? L'État a dit aux nations de l'Europe, au monde entier : « J'ai besoin d'argent; je désire-
« rais qu'on vînt à mon secours; je voudrais emprun-
« ter, enfin; mais je n'ai d'autre gage à vous don-
« ner que ma moralité; jugez-moi... Je vous ferai
« un avantage cependant. Toutes les propriétés en
« France sont frappées d'impôts, et celle que je
« vous offre en sera affranchie; elle sera même
« incessible et insaisissable. »

Le particulier, au contraire, traitant avec son voisin, a offert et engagé un immeuble; toutes les conséquences du contrat ont été prévues; rien d'indécis, rien d'éventuel; le capital et le service des intérêts sont assurés quoi qu'il arrive : le bureau des hypothèques est là. Je ne vois donc pour ces rentiers qu'un tremblement de terre à redouter, ou la comète de 1832.

Avec l'État combien d'avanies à craindre! Roberspierre de sanglante mémoire, et le Directoire; le Consulat et l'Empire; les ultras et les cent jours; nos amis les ennemis, et le ministère déplorable! Après tant de tribulations, voulez-vous encore troubler ces pauvres rentiers, et la légalité fera-t-elle ce que l'Empire n'eût pas osé faire, ce que le régime des cosaques n'eût certes pas même tenté. La rente ne sera point remboursée.

Quelques sentiments, quelque grand mobile, plaident-t-ils cependant en faveur du remboursement? la sécurité de l'État et sa prospérité y sont-elles interessées? est-ce enfin la condition *sine quâ non* de son existence? Sommes-nous dans un temps tellement exceptionnel qu'il faille transiger avec la morale, avec ce que les hommes ont de plus sacré? Si telle est en effet notre situation, pas d'entêtement; ne disons pas, comme ces révolutionnaires : *Périsse la nation plutôt qu'un principe*. Mais si au contraire il ne s'agit que d'un vol; que de le régulariser, que de substituer la force au droit : hâtons-nous d'en appeler à la nation ; que l'oppression, étouffée avant d'agir, reconnaisse le joug salutaire et conservateur de la bonne foi. Qu'un cri spontané retentisse dans toute la France : *point de spoliation ! ! !*

Le traitement des ministres enlève tous les ans des millions aux ressources de l'État ; les allocations aux gens du pouvoir grandissent avec le vote de chaque budget, les déprédations restent impunies, et les ministres chassés aux acclamations des 3o millions d'âmes de la France se réfugient sous des lambris dorés ; à côté de ces profusions, et pour les rétribuer ou les absoudre, on voudrait voler les rentiers, leur ravir un droit imprescriptible!..Sommes-nous tout-à-coup refoulés dans les siècles barbares ? n'aurons-nous la vie sauve que sous la condition d'être sans pain ou esclaves ?

Ce qui se passe en 182g, à la tribune nationale, n'est au reste que la suite de notre histoire depuis la promulgation de la Charte ; toujours des ambitieux et des corrupteurs... Quand donc la nation sera-t-elle débarrassée de ces meneurs éduqués par l'empire ; ces gens-là ne comprendront jamais la Charte; ils appellent la liberté, comme le bûcheron appelait la mort : arrive-t-elle, ils n'en veulent plus. Hélas ! que la jeune génération arrive lentement à sa caducité ! Sous le ministère déplorable qui ne voulait que mal faire, ces meneurs étaient d'une telle susceptibilité qu'ils s'indignaient sans cesse , et l'ombre du mauvais génie qui pesait alors sur la France leur donnait des crispations ; maintenant un ministère semble demander des appuis pour faire le bien ; stimulé dignement il y arriverait peut-être , et on le pousse à mal faire , on veut l'obliger à tourmenter les rentiers. Que veulent donc ces hommes si mobiles , si peu sûrs de leurs sentiments et de leurs principes ? Électeurs, tâchez de deviner mieux. Les hommes sont de tous les temps et de tous les lieux : les citoyens sont rares.

Une libération autorisée par tous les principes d'ordre et de morale existe entre les mains du Gouvernement, il doit en user ; c'est son devoir de le faire, et l'on ne peut se plaindre de la puissance *anéantissante* de la caisse d'amortissement. Mais une loi qui ordonnerait le rachat de la rente en masse , serait une véritable loi de confiscation. L'article 66 de la Charte est ainsi conçu : « La « peine de la confiscation des biens est abolie et « ne pourra pas être rétablie »

Un des ministres du Roi a fait entendre ces paroles à la tribune nationale, dans la séance du 3 Juin : « Je n'hésite pas d'abord à reconnaître, « comme je l'ai toujours fait et comme je l'ai établi « dans d'autres temps, que, quand les circon- « stances le permettent, l'État a le droit de rembourser sa dette. Cette vérité est devenue in- « contestable. » Paroles mémorables et qu'il faut retenir pour l'éducation des peuples. Elles leur prouveront encore qu'avec les gouvernements il ne faut pas se borner à avoir seulement raison et demie, mais ne traiter que sous bonne garde.

Si chacun des membres de la nation était propriétaire d'une portion quelconque de rente, on pourrait, dans ce cas, comprendre le remboursement, et il serait même plus juste alors, l'État ayant besoin de ressource, qu'une contribution extraordinaire, et surtout une augmentation d'impôts fonciers, parce qu'il y aurait concours général et consentement tacite de la nation tout entière; mais frapper par exception, au mépris d'un contrat et de conventions rigoureuses, c'est, je le répète, une véritable confiscation.

Les engagements de l'État avec les acquéreurs du cinq consolidé sont si simples et si précis qu'ils n'admettent aucun commentaire, et l'on ne peut reconnaître une puissance quelconque aux paroles de M. le ministre des finances. S'appuient-elles sur l'article 1911 du Code civil : « La rente constituée en perpétuel est essentiellement rachetable. » Mais aux motifs que j'ai déjà développés se joignent encore les arguments les plus rationnels : *Le cinq consolidé* n'est point une rente perpétuelle, la rente constituée en perpéuel est immobile comme le capital sur lequel elle est assise : que le sol qui la doit produise ou non, elle n'est pas moins servie de rigueur ; qu'il change de maître ou non, il ne peut en être affranchi : l'ancien comme le nouveau propriétaire ne sauraient lui faire banqueroute. La rente cinq consolidé est essentiellement mobile quant au principal, comme les simples actions de la banque, etc.; elle suit la bonne ou la mauvaise fortune du gouvernement; c'est une valeur courante, dont les fluctuations sont effrayantes... Quelle analogie peut-on trouver entre ces deux rentes? le cinq pour cent est hors de la portée du droit commun.

Veut-on argumenter avec la Charte elle-même, en voici l'article 70 : « La dette publique est ga- « rantie. Toute espèce d'engagement pris par « l'État avec ses créanciers est inviolable. »

Quels sont les engagements de l'État à l'égard du cinq consolidé? Entre autres celui de ne point rembourser, assurément. Mais il n'est pas exprimé formellement, dira-t-on : cela est vrai. N'est-il pas implicite? la controverse peut encore s'établir sur cette proposition. Cependant je soutiens que le gouvernement a pris l'engagement de ne point rembourser, ou du moins a reconnu la rente non remboursable; c'est une induction que je tire de la loi d'amortissement.

Le remboursement par l'extinction est le seul admissible, le seul juste. Tout le monde est apte à acquérir le cinq consolidé, sans acception de qualité et de nation; l'État use lui-même d'un droit inhérent à tous, et ce n'est pas ce droit essentiellement que la loi d'amortissément a créé a l'État, comme pour l'émanciper, mais bien l'usage de la fortune acquise. Ainsi, jusqu'à ce jour, il n'y a pas trace d'un droit de remboursement réservé à l'État. On y a pensé peut-être dans le principe ; on s'est gardé, avec raison, de l'établir ; et l'exemple de l'Angleterre ne prouve pas qu'il y ait eu impéritie à cet égard. Il fallait accréditer ce mode d'emprunt, et la moindre exigence, la plus légère appréhension suscitée dans l'esprit des hommes pouvaient faire échouer le Gouvernement dans cette grande mesure. Répétons donc que le remboursement serait une spoliation.

Ce qu'il est possible de faire, c'est d'emprunter désormais sous de nouvelles conditions. Cette question est importante : elle n'entre pas dans le but que je me propose ici.

Si ces considérations, qui manquent de développement sans doute, sont mises sous les yeux de ceux qui peuvent être appelés soit à présenter la loi de remboursement, soit à l'appuyer, soit à la combattre, ou à la voter enfin, j'ose espérer qu'elles élèveront au moins quelques doutes dans leur esprit. Mais un projet de loi semblable ne peut plus être présenté de nos jours, et malgré les assurances d'un ministre il ne faut pas croire à cette loi.

On veut créer des ressources ; l'État a besoin d'argent ; le Gouvernement ne peut faire qu'avec beaucoup d'or : et si Bonaparte guerroyait avec des hommes, le gouvernement de la Restauration, plus pacifique et moins sanguinaire, fait ses conquêtes à coups d'écus.

Le gouvernement de la Charte constitutionnelle, le plus puissant de tous ceux que la France ait eus, n'a besoin que de vouloir, pour mettre son épée dans un des plateaux de la balance de l'Europe. Charles X., fort de plusieurs actes mémorables de son règne, peut appeler la nation à son aide, et, réunis dans leur amour commun, les Français dissiperont toutes ces terreurs avec leur Roi constitutionnel.

Mais ne s'agit-il que de nos simples affaires d'intérieur? et les gens du pouvoir *crient-ils famine ?* Oh ! pour le coup, l'argument est fort ; tout le monde doit vivre, et il faut vite donner du pain à ces braves gens : *ventre affamé n'a point d'oreilles,* et n'exposons pas les secrets de l'État. Ainsi les ministres, les directeurs généraux, les 86 receveurs suprêmes, les préfets, les chefs de division, et tous autres qu'il appartiendra, sans oublier les honnêtes cumulards, ne mangeront plus seulement chacun tous les ans le revenu de dix, quinze, vingt, trente familles, mais encore recevront une indemnité prélevée sur le *boni* du remboursement des rentes, et le tout pour la plus grande gloire du royaume. La rente sera donc remboursée : *hélas ! c'est un petit mal pour un grand bien.*

Quand entrerons-nous donc dans la voie si simple, si facile, du bon sens ? Les théories ne sont plus permises depuis l'existence de la Charte, et nous en sommes cependant encore aux théories depuis quinze ans. Serait-ce que l'empire du vrai et de la bonne foi n'offre pas une assez large carrière à l'esprit humain ; et, pour occuper nos imaginations gourmandes et insatiables, faut-il démolir pour édifier toujours ? Oh ! quelle triste condition que d'être homme ! on ne peut jouir de rien. Mais ne prenons pas pour la règle commune les rêves de quelques cerveaux malades. La nation doit s'affranchir des déceptions. Que l'on ne feigne pas de croire que nous oublions le régime de légalité et de justice qui nous gouverne. Nous ne sommes en France sous le bon plaisir d'aucune puissance. La loi, écrite pour tous, ne fait pas la grimace au plébéien, pour s'immoler en l'honneur d'un privilégié.

Que le propriétaire rentier ne s'alarme plus : une loi de remboursement ne sera point votée ; le bon sens de la nation fera justice de ce rêve, avant l'année prochaine.

FIN.